JN311485

＼もりもり／
元気の出る
高校案内

3

瀧野川女子学園高等学校

退屈しているなんて、もったいない！

瀧野川女子学園中学校・高等学校
Takinogawa Girl's School [Junior & Senior high school]
夢をその手に。

創造性教育　「好き」から自分の夢を導き出す

瀧野川女子学園は2016年の創立90周年に向かって大改革を実行中です。その目的は、好きな気持ちから、自分が一番やりたいこと、将来成し遂げたいこと、つまり夢を導き出す方法を学ぶことなのです。好きな気持ちから始めるのが、誰の物でもない、あなただけの夢を創り出す一番の近道だと私たちは考えます。実は、こうして自分がやりたいことを追求して、何か新しいことを始めることを「創造」と言い、これからの日本で、世界で最も大切にされていくことの一つです。そして何より、とても楽しいことなのです。創造性と聞くと、何か特別な才能が必要なように感じるかもしれませんが、大丈夫。これはトレーニング次第で誰でも身につけられるものなのです。瀧野川女子学園の全ての教育活動の目的は一つ、生徒全員が自分の生きたい人生を手に入れること。そのために自由に考え、すべてを思い切り楽しみましょう。

国際教育 本物を全身で学ぶ

その場所に行かなければ判らないことがあります。これから国際社会に必要なことを学ぶには、海外を体験して、本物の英語や生活を全身で学ぶのが一番です。でも、本当に海外に行くのはなかなか大変です。さて、この写真を見てどこだと思いましたか？

ここは、日本にありながら「パスポートのいらない英国」と言われている British Hills です。2015年から高校１年生全員がここで初めての「海外」を経験します。英国の貴族の館を移築した重厚な建物や重厚な家具は、まさにハリー・ポッターの世界です。スタッフは全員英国人で、英国式のテーブルマナーや、スコーンの作り方を学びティータイムを一緒に楽しみます。もちろん、全ての会話は英語ですが、大丈夫、あなたが分かるように簡単な英語で丁寧に話しかけてくれます。

楽しみながら、全身で感じ取った異文化への理解は、学校での授業、高校２年でのハワイ修学旅行、そして、世界で活躍するあなたの将来へと繋がっていきます。

瀧野川には、英会話の名物先生がいて、いつでも話に行けます。英国出身で、英語で歌うギタークラブも指導しているジュリアン先生です。普段の英会話の授業はもちろん、もっと英語を話したい人向けに、放課後に英会話のクラスを開いています。

それに加えて、瀧野川には、住みたい町全米ランキング１位のオレゴン州ポートランドに姉妹校があり、希望者は夏休みに２週間の語学研修ホームステイや留学プログラムに参加できます。

毎年好評のホームステイは、午前中に、姉妹校の国際コースの先生によるアメリカ文化のクラスを受けて、午後は、皆で様々なところに出かけて、アメリカ文化を体験しながら、生きた英語を学びます。

毎年最終日に「とにかく楽しい、日本に帰りたくない！」と大騒ぎになるほど楽しいプログラムですが、帰る頃には全員、英語が口から自然に出て来るようになっています。すべてを楽しむことが上達の秘訣なのです。

修学旅行 inハワイ

自然、文化、言語の多様性を学ぶ

ハワイは、一つの島に、世界13の気候のうち北極とサハラ気候以外の全てが存在し、奇跡と呼ばれる貴重な生態系を始め、星空、海洋、火山、天体研究の中心地でもあります。
また、多様な文化を持つポリネシアの一部であると同時に、全米一多様な人種と文化が共生している島々でもあり、国際社会と自然の多様性を学ぶのに最適な場所です。2015年新入生から実施します。

礼法・茶道・華道

どこでも自信をもって振る舞える大人の女性に

創立者 山口さとる先生

自宅で創立した時の1期生

創立時の礼法の様子

瀧野川女子学園は、「自分の理想の学校をつくる。」という、山口さとる先生の長年の夢が叶い、大正15年、さとる先生37歳の時に創立されました。
「これからは女性も仕事をもって社会にでて、自分の力で生きたい人生を手に入れて欲しい」との想いが込められた学校でしたが、同時に力を入れていたのが、今も全員必修で学ぶ、礼法・茶道・華道など、精神修養でした。

さとる先生と同じ古流松濤会の先生が今も指導しています

華道の先生でもあったさとる先生は、仕事だけできても不十分で、礼儀作法とそこに込められた、日本人ならではの心遣いを学んで欲しいと願っていました。

そうすることで、精神が落ち着き、どのような時も、自信をもって振る舞うことができるようになるからです。

茶道は江戸千家

楽しくも実践的な礼法の時間

「常に心を磨きなさい」
さとる先生が仰っていた言葉を私たちは変わらず大切にしています。

食育　毎日食べて、本物を学ぶ

鶏グラタン

五目ちらし寿司

ねぎとろ丼

豚ミルフィーユカツ

レストランのメニュー写真のようですが、これは瀧野川女子学園の学生食堂の日替りメニューです。みんなの要望が反映されるメニュー、選び放題でバラエティーに富んだサラダバー、ご飯、お味噌汁おかわり自由なのも自慢ですが、一番の自慢は、旅館や和食の名店で活躍してきた、田中料理長が毎日作ってくれていることです。しかも、食育の時間には、その料理長から直接料理を教わることが出来ます。毎日食べて、本物を学ぶのが瀧野川の食育です。

出し巻き卵とお吸い物に挑戦中

クラブ活動　好きなことを思い切り楽しむ！

全力で好きなことに打込み、思い切り楽しむのが瀧野川流です。何事も上達の秘訣は、思い切り楽しむこと。そして、本気になること。
創立期に全国制覇を成し遂げたバスケットボール部から続くこの伝統は、今も変わりません。

書道部、美術部は、毎年何人もの部員が全国レベルの賞を複数受賞する強豪であるにも関わらず、一人ひとりの作風が全く異なるのが大きな特徴です。それは、私たちが、クラブ活動であっても一人ひとりの個性を解き放ち、創造することを大切にしているからです。

そして、彼女達は、クラブ活動でしかできないことを思う存分楽しみながら、活動しているパフォーマンス集団でもあるのです。
「好きなことを思い切り楽しむ」
これは、ここ数年で急速に力をつけてきて、2013年には東京都で金賞を受賞した吹奏楽部や、他の全てのクラブも同じです。

はじめに

みなさんは入学してみたいと思う学校のことをどれだけ知っているでしょうか。学校見学をしてその雰囲気を味わったり、学校説明会の話を聞いて授業やクラブ活動のことを知ったり、あるいはホームページやパンフレットを見て様々な情報を入手したりしていることでしょう。

しかしながら、それらの情報は画一的なものが多く、他の学校と比べてみても内容にあまり差がありません。また実際に学校生活を過ごした人の体験談は、ほとんどわからないのが現状です。この学校の先輩たちはどのようにして学校生活を過ごしてきたのか、また卒業後はどのような仕事に就いて活躍しているのかなどを知ることで、その学校への興味・関心はますます高まります。

「もりもり元気の出る高校案内」実行委員会は、みなさんが元気になり、これからの学校生活を元気に楽しく過ごすことができるように、学校を卒業した先輩たちに登場してもらい、学校生活のこと、仕事のことなどを語ってもらいました。卒業生の生の声は、きっとあなたの心に響くことと思います。

本書を読んで学校のことをさらに深く知り、学校を選ぶ際の参考にしてもらえることができれば、実行委員会としてもうれしいかぎりです。みなさんが希望の学校に入学できることを心より願っています。

「もりもり元気の出る高校案内」実行委員会

目次

1章

瀧野川女子学園物語

今も昔も変わらない学園の目標は
「好きなことを見つけて、実社会で活躍する女性に」

自らの夢を実現した学校

瀧野川女子学園は、山口さとるが1926年（大正15年）瀧野川実科女学校を創設したのが始まりです。当時は、1923年に起きた関東大震災の復興期で、瀧野川地区と呼ばれた現在の学園周辺も新興住宅地として開発され、住民が急増していました。そうしたなか、地元の有識者の間で女子教育の重要性、必要性を唱える声が日増しに高まっていたのです。

さとる先生はこのチャンスを逃しませんでした。というのも、教員出身だったさとる先生は、いつか自分の学校を創って、自分の理想と考える教育を実現したいとの夢をずっと持っていたのです。その理想とは、「女性たちに自分の思うような人生を手に入れて欲しい。そのために必要な精神と実力を身につけられる教育を行いたい。」というものです。

1927年創立直後の校舎

当時37歳で、５人の子育ての最中での決断は簡単なものではなかったと思いますが、夫の鼎太郎先生の強い後押しもあって、学校創立の決断を下しました。そうして、自宅の２階を解放して、生徒24名、教員５名の学校の初代校長へと就任したのです。

女学校は評判となり、職業婦人を目指す生徒が殺到しました。1931年には、文部大臣の認可を受けて、職業学校令による瀧野川高等実科女学校になりました。修業年限３年の文部省認可校は東京でただ１校でした。志望者はふくれあがりました。地元と協力し、国鉄に８年間にわたり陳情《ちんじょう》を重ねて、1933年、学校から２分のところに京浜東北線「上中里駅」が新設されました。

「剛く、正しく、明るく」が理念

山口さとるが考えた学園の理念は、「剛く、正しく、明るく」。心を磨《みが》き自分の意思と考えで行動できる自立した女性、他の人への思いやりに富んだ女性、そしてなにごとにも前向きに取り組む女性の育成を目指しました。たとえば、自立に向けた科目の一つである裁縫《さいほう》は、絹ものや男物の袴《はかま》まで縫《ぬ》えるように鍛《きた》えられたので、松坂屋の呉服部などにたくさんの卒業生が就職しました。生徒はほんものの力を身につけ、礼儀正しいと評判になりました。

「創始者の理念の「剛く、正しく、明るく」は、現在も校訓になっています。「つよく」という字を「剛く」と書くのは、ブレない芯《しん》を自分の中にもつという意味です。なにがいちばんベストかを常に考え、そのためになにが必要か、自分の中にある軸に照らし合わせていくことです」とさとるの孫である山口治子現校長は言います。

個性にあったきめ細かな指導

1945年８月、終戦。「鼎太郎理事長、池上先生は、公職追放（教育者戦犯）で教壇《きょうだん》に立ってはいけない」という通達が入りました。そこで、卒業生が有楽町のGHQ（連合軍総司令部）を訪問し、勤労動員中の寮生活での暖かい先生のこころづかいを話しました。すると「こんなに教え子に慕われている先生は素晴らしい」「日本の生徒と先生との美しい関係を知って感動しました」と米国人将校は言い、ふたりとも教壇に立つことを許されました。教師は生徒を導き、生徒も教師を信頼した学校生活が証明されたのです。

1946年には教育制度の改革によって、中学校が設置されました。1948年には、教育改革制度が発足。今までの女学校は瀧野川高等学校と改称して新制高等学校となりました。さらに1951年に現在の瀧野川女子学園へと移行しました。

また、創立60周年に進学校への転換をはかりました。1993年には制度を改革して、生徒の適性や能力を最大限に伸ばす教育を推進し、少人数できめ細かな指導を徹底しています。現在も、1クラスは30人程で、教師は全員に目配りができ、個人の能力に合わせた指導を行っています。

どこに出ても活躍できる女性

学校を訪れると、受付やテーブルなど目につくところに季節の生け花が置かれています。生徒と目が合うと「こんにちは」と挨拶《あいさつ》されます。これは創立以来続く礼法や茶道、華道を学んでいるために、自然に身についていることです。

「創立以来、好きなことをやり抜き、社会で活躍できる自立した女性を育てることを目標としてきました。理

プロに教わる料理教室

想とする女性像に向けて行っている様々な実践教育を軸に、さらにプログラムを進化・充実させています」と山口校長。

その中のひとつに食育があります。社会で活躍するためには、健康な心身が大切。食育プログラムの中での料理教室では、和食のプロである料理長に直接指導を受け、卒業までに自分たちのお弁当や行事食、おせち料理をつくれるようになります。2012年にリニューアルした食堂は、旬の食材を生かしたおいしい料理が評判です。教師と生徒がテーブルを同じくして食事をしている姿を見かけますし、来校した保護者やお客様も利用することができます。

身体を動かして体験したことは必ず身につくものです。「わからないことを授業中にわかるようにする習慣のお陰で、きちんとものごとを考えるようになった」など、そこには「社会に出てから何気なくやっていることが、大人の女性のもつ能力として大事である」という教育につながっています。

なりたい自分が発見できる部活

1933年に、生徒自治会が発足し、音楽部、文芸部、演劇部、体育部（庭球、卓球、排球）などの部活動が取り入れられました。翌年籠球部《ろうきゅうぶ》が誕生します。籠球部は全国制覇《せいは》をはたすなど「バスケットの瀧野川」と呼ばれ強豪校として知られていました。運動部の活躍は現在も続いています。一時は部活を必修科目としたこともあるほど、学校では部活に力を入れています。

最近では文化部を中心とした部活が躍進しています。吹奏楽部は「東京都高等学校吹奏楽コンクール」で金賞、書道部は毎年、「全日本高校・大学生書道展」等で“大賞”や“展賞”を受賞しています。美術部は枠《わく》にとらわれない自由な創作活動を続ける中で、『学展』等で多数の入賞・入選をしています。

「部活をやるために学校に行っていたような気がする。時間的に大変なこともあったけれど、部活の体験が自分を強くしてくれた。今はなにがあっても自信をもってできる。友だちと本気で話し、顧問の先生が真剣に指導してくれたこと。先生や友だちと自分との距離の近さが、ほかでは決して得られない。ちょっと苦手なことも、部活をやっているうちに好きになっていた」というような卒業生の声をよく耳にします。

本校の教職員は、一人ひとりの生徒を大切にし、生徒がやりたいことを見つけ、それを尊重するという使命と責任感をもっています。部活以外でも、親身になって相談にのってくれる教職員がいるので、好きなことを見つけるチャンスがあるのです。それが将来を切り開く力になっているようでした。

瀧野川女子学園は、武蔵野台地の高台にあります。校庭や屋上から遠くは日光の山々、都心の高層ビル群、スカイツリーなどが見えます。空が広く、素晴らしい眺望《ちょうぼう》です。校舎の設備も整っているので、キャンパスライフは楽しいはずです。将来に必要な力を育てるためのさまざまな取り組みがなされ、塾に行かなくても大学進学ができるプログラムも充実しています。

「この学校に通学しなかったら、今の私はいなかったでしょう」とは、夢を叶えた卒業生たちの言葉です。

みなさんも瀧野川女子学園で、あなたの夢を叶えましょう。

2章

卒業生にインタビュー

美術は絵を描くことだけではなく自分を表現できるのだということがわかった

〈大野芽衣さんと石川一樹先生の対談〉

大野芽衣さん

在学中に全日本学生美術展で特選・推薦と２回受賞。2004年卒。同年桑沢デザイン専門学校入学。2006年卒業後、フリーデザイナー。「氣志團」グッズが評判になる。またミュージシャンのフライヤーやグッズ制作のデザインにも関わった。

石川一樹先生

瀧野川女子学園美術部顧問。東京藝術大学美術学部絵画科油画専攻卒業。

美術室では先輩の傑作が後輩を見ている

石川　ぼくが赴任したのは1990年です。美術室は伝統の呼吸をとめてはいけないところだと思って先輩の作品を飾り、後輩にその呼吸を伝えています。美術は中学では必修、高校は選択科目になっています。

大野　高校の授業では、最初に必要最低限のことは説明してくれましたけれど、後は自由にどうぞ、という授業でした。

石川　美術って、マニュアルで教えられるものではないから。でも、自由にやっていいと言うと困る子もいるね。

大野　私は絵画を習った経験がないから、自由にできて楽しかった。

石川　ぼくも独学。子どものころから、チラシの裏に絵を描いているような子だった。

大野　私が絵を描き始めるようになったのは、親から紙と色鉛筆を与えられたことによります。それからは、アニメを見た後に部屋に戻って気に入った１シーンを描いたりしていました。

石川　残像を描くわけだ。イメージトレーニングだね。ものを観察して描く練習は大事だけれど、見たものをしっかり記憶して再生することも大事な練習になる。

アートは観察から生まれる

石川　人物を描く練習とともに役に立つのが、日常使っているものをよく見ること。たとえば、新聞はどんな紙でできているか、質感や触感などをよく観察する。絵を描くということは、当たり前の見方をしていると創造の世界から離れていく。全く知らないものとして観察してみる。ものと対話することで、なにかが生まれるんだ。

大野　ものを見るときにふつうは、面白い形だな、いい色だなで終わってしまうけれど。

大野芽衣さん

石川　ふだんの生活は視覚だけで十分理解できるけれど、絵を描く人はそれだけではだめで、五感を使ってものを理解しないと。ペットボトルがあったら触《さわ》ってみる。中の水は冷たいのか生温かいのか、じっと水の様子を眺める。同じペットボトルでも絵を描くときに違った表現になるはずだから。

大野　そうですね。自分で感じないことは表現しにくい。

石川　大野は授業中、呼んでも返事しないことがあった。ものに執着するとなにも聞こえなくなるんだね。集中力がすごいと思った。

大野　まわりがざわついても気にならなかった。

大事なのは一人ひとりの個性

石川　みんなの育った家庭環境は違っているから、個性がある。自分の存在というか、個性を認めてもらうために絵を描くんだ。

大野　感性っていうのか、同じ景色を見て描いても作品はみんな違いますよね。

石川　そう、個性が作品になっている。そして美術室には卒業生の作品がたくさん残っている。

大野　保管してもらってありがとうございます。

石川　大野の王子稲荷《いなり》を描いた「きつね」の絵も飾ってあるけれど、在校生が見てなにかを感じる。そして、本人が現れたときに、「あの絵を描いた人」とさらに刺激を受けるよね。大先輩のおねえさんと自分がつながっているのを感じる……。

大野　そうですね。私もたまにこの部屋に来て落ち着くのは、先輩や後輩とつながっているから？

将来やりたい夢

石川　美術部はアートを広くとらえていたから、油絵・映像・身体表現などいろいろな表現方法を学んでほしいと思っています。

大野　私は絵画や映像だけでなく、音楽や演劇にも在校生のときから興味がありました。ライブハウスに通って、それが結局、いまのデザイナーの仕事にもつながっているわけですけれど。

石川　大野の場合、絵では全日本学生美術展に特選・推薦と２回も受賞したほどの技術があったけど、在学中から将来やりたい夢が明確だったね。

石川一樹先生

大野　音で作品を作ったし、「氣志團」のアイコン・似顔絵・ファンクラブ向けのＴシャツのデザインをした。その後、どういう勉強をしたらいいのかわからなかったから石川先生に相談しました。

「氣志團」の似顔絵の一例

石川　バンド活動もやり、音楽にも目が向いていたし。そうすると、美大で勉強するのはどうなんだろうかと。それで、桑沢デザイン研究所かなとすすめたんだけれど。

大野　そうですね。美大で勉強しても私の好きなことに結びついたかどうか。

石川　ぼくは芸大の油絵科出身でほんとうは画家になりたかった。でも画家として生活できるのは、下積みが長くて大変。本校とご縁があって、教師をやっているうちに教えることが面白くて本業になってしまった。

大野　いま、私はフリーデザイナーとして好きなことができるようになり、仕事がとても楽しく、充実した毎日を送っています。

みんなに伝えるパフォーマンス

大野　美術部はイーゼルを立てて絵を描くイメージだった。それなら家でもできると思っていたけれど、ここは完全に違いました。アートは絵を描くだけではなかったのです。体や空間を使って、なにかを作る。それをだれかに伝える。そのために、もの作りを考え、アイデアを絞り出すことを常に要求されました。それは苦しいけれど、楽しいことだということを教えてもらいました。

石川　地元を大切にしたいと、北区の中央公園文化センターの広場でパフォーマンスをしたら、それを見ていた身障者施設の人から声を掛けられて、その施設でパフォーマンスをしたことがあるんです。「とっても明るい気持ちになった」と言われて、喜ばれたんですよ。

大野　喜んでいる顔が目に見えるようです。

石川　最近は、学園祭のときに、絵画や映画の作品発表だけでなく、屋上校庭でパフォーマンスもしているんだ。

大野　そうなんですか。急に思い出したんですけれど、美術部で自分のやりたいことを、他の人にわかってもらいたいと思うことがありましたよね。説明しても、「わからない」と言われると、別の方法で説明してわかってもらう。それを美術部で経験していたので、いいトレーニングになりました。

石川　そうね。わかってもらわないことには意味がないから。

大野　アイデアを考えるのも大変でしたが、伝えることがまた大変でした。美術部で絵画を描く以外の勉強ができるなんて思いませんでしたから。

石川　ははは。いまの在校生も、なかなか頑張っていますよ。

大野　私は一生、絵は描いていたい。私ができることをアートでできたらいいと思っています。先日、お誕生日に似顔絵を描いて、ウエルカムボードを作りました。とても喜んでくれて。絵の上手《じょうず》な人はいっぱいいるけれど、私だけができる意味のある絵を、その人に向けて描くのもいいですね。わかりやすく言えば、みんなを笑顔にできる絵を描きたいです。

石川　みんなとアートでつながるっていいですね。

学校生活は
いまの仕事のルーツ

池田八恵子さん
1996年卒。2000年東京工芸大学卒業後、フリーランスのイラストレーターになる。

友達をモデルに似顔絵を

荒れている地元の中学校に入ることを家族が不安に感じたことから、私は中学受験をして瀧野川女子学園に入りました。学校を知ったきっかけは、模擬試験の会場だったからです。

小学校の頃からイラストを描くことが好きで友達の似顔絵をよく描いていましたが、中学・高校時代も、たくさんの友達がモデルになってくれました。単に友達をかわいく描くだけでなく、別の人も似てると言わなければ、モデル本人は心から喜べないこと。外見を似せることに重点を置きすぎると（たとえばまゆ毛を太く描いたりすると）傷つけることもあるということ。似顔絵を描いて周りに見せるとたくさん発見がありました。友達を怒らせてしまったり失敗もたくさんしたけれど、リクエストに応えた絵を描いたり、みんなに喜んでもらえるような工夫をしたことは、いま思えばイラストレーターになる練習だったように思います。

勉強にイラストを取り入れる

私は中学からエスカレーター式で高校に進学したのですが、高校から瀧野川女子学園に入ってきた友達ともすぐに打ち解《と》け、高校時代は似顔絵のレパートリーもどんどん増えていきました。友達や自分を登場させたマンガも描くようになり、マンガ雑誌に投稿したのもこの頃です。

白状すると真面目《まじめ》な生徒ではなかったので、「絵ばっかり描いて！」と親や先生に怒られないような対策ばかり考えていました。中でもイラスト入りの古文の単語帳や、授業中に取るノートに挿絵《さしえ》を加えてまとめ直すなど、授業内容に沿ってイラストを描く工夫は、自然に復習につながり一《いっ》石二鳥《せきにちょう》。完成した単語帳やノートは中間・期末対策として友達に配ったりもしていたのですが「内容がよく分かる」と言われたときは、とても嬉《うれ》しかったのをいまでも覚えています。

今回のインタビューを通じて、この単語帳とノートの一部を当時担任だった山川千里先生がいまも取って置いてくださっていることを知りました。当時の学校生活で友達だけでなく、先生方にも支えられていたことを本当にありがたく思います。

部活に入らなくても

私はいわゆる『帰宅部』だったので高校時代は部活に入っていないのですが、その代わり放課後に友達と話をしたり、画材を買いに行ったりしていました。休日は仲のいいメンバーの家でお泊まり会をしたり、部活にはない横の繋《つな》がりを深めることができました。絵が好きなら美術部などに入ることもできたのですが、絵を描くのが好きな人だけが集まる場よりも、いろんな価値観の人たちで繋がる帰宅部のネットワークの方が、私には合っていたように思います。

ほんの少しの異文化交流

京浜東北線沿線の上中里駅が最寄り駅の瀧野川女子学園には、色々な所から通って来る生徒が多く、東京だけでなく埼玉、群馬から通学している人もいました。通学のために姉妹で近所にアパートを借りている人や、帰国子女の人もいて、自分の『あたりまえ』が通用しない環境に身を置けたのは、とても新鮮でした。

よく覚えているのがジャンケンで2つのチームに分かれるかけ声。住んでいる地域によって「グーとパーで分かれましょ！」派と「グーチージャス！」派がいることを知ってみんなで驚いた経験は、全国から学生が集まる大学時代の友達関係を、ちょっとだけ先取りしたような感覚なのかもしれません。

アットホームな校風

推薦《すいせん》入試で東京工芸大学を受ける際、美術の石川先生に色々アドバイスを頂《いただ》きました。私が3年生のときに専攻していたコースは美術の授業がなかったのにも関わらず、絵の添削《てんさく》など、親身に受験指導をしてくださいました。合格の知らせに職員室に入ると、たくさんの先生方が「おめでとう！」「よかったねぇ！」と声をかけてくれました。一度も授業を受けたことがない先生に「池田のやりたいことができる、

普段使っている画材

最高の学校に受かったね」と声をかけて頂いたことは、生徒一人ひとりに目が行き届いたアットホームな校風がよくわかるエピソードだと思います。

あまり威張《いば》れることではないですが、数学の先生に「池田は数学ができなくても面白ければいい！」と言われたことがあります。学校の授業ができるにこしたことはないですが、努力をしても苦手な科目があったときに、生徒の立場に立って声をかけてもらったことで、ずいぶん気持ちが軽くなったことを覚えています。

仕事のルーツ

大学卒業後、私はイラストレーターになりました。現在は中学の教科書にもイラストを提供しているのですが、いつも思い出すのは中高生のとき描いたノートのこと。あのとき友達が「内容がよく分かる！」と喜んでくれたように、今度は全国の生徒のみなさんに向けて、少しでも学ぶ楽しさに気づくお手伝いができれば、と思っています。

また、初めて出版した本、『シゴトクリエーター！』（中経出版）執筆のときも中高時代を思い出しました。実在の仕事人たちを取材したコミックエッセイという内容が、友達の似顔絵でマンガを描いたときの感覚と、そっくりだったからです。いまの仕事をする上での基礎は、多感な時期の学校生活で育まれたものだと再確認した出来事でした。

これから受験を迎えるみなさんへ

瀧野川女子学園での学校生活は私にとって、たくさんの価値観をもつ友達や理解ある先生に恵まれた、とても楽しいもので

著書にサインをしているところ

した。その中でのびのびと学校生活を送り、自分のペースで進路を決められた経験は、いまの仕事のルーツの１つにもなっています。

　これから高校生になるみなさんにとっても、この時期に見つけた好きなことは、きっと一生もの。３年間の高校生活の中で、たくさんのワクワクの種を見つけられますように！

芸大への道を開いてくれた学校ぐるみの愛情

小籠郁子さん

1993年卒。1994年東京藝術大学音楽学部器楽科ヴァイオリン専攻に入学。卒業後はヴァイオリニスト、指導者として活躍中。現在、武蔵野音大付属音楽教室非常勤講師、日本弦楽指導者協会関東支部常任理事。

母校の入学式で演奏

毎年、瀧野川女子学園中学・高校の入学式に、ヴァイオリン演奏をさせていただいています。目を輝かせている新入生のために、明るく喜びに満ちた小品を選んで演奏しています。クライスラー「愛の喜び」、モンティ「チャルダッシュ」など、比較的なじみのある曲です。「この学校で自分の夢を見つけてください」というメッセージを込めて弾きます。そして、「ヴァイオリンを聞いて心が震《ふる》えた」「私も先輩のように夢を叶えたい」などというコメントをいただくと、私もうれしくなります。

私が音楽を始めたのは４歳からで、ヴァイオリンを習いはじめました。両親が音楽好きだったため、音楽がいつもそばにありました。そのうち、私も音楽教室に通うようになり、音楽の基礎ともいえるソルフェージュを学ぶようになりました。将来は音楽大学に進学するのだろうなと思っていました。

しかし、音楽高校の試験に緊張して失敗。それで瀧野川女子学園高校に入学することになったのです。進路を見失い、息詰まるような不安がありました。そして、ここで出会ったのが小松悦子先生でした。先生は東京藝術大学（芸大）出身でしたので、「芸大をめざしましょう」と励ましてくださり、その道筋を付けてくださったのです。

芸大が新たな夢

高校に入学してからの私は、普通校でも音楽を頑張ろうと思いました。プロの音楽家になるためには、本人の自覚はもとより、師事する先生と親との三者が、一体になって頑張らないとできないと言われています。

小松先生の強いバックアップで新たな夢が生まれました。「芸大を受験する」という目標ができましたので、脇目《わきめ》もふらずに突き進むことができました。苦しいという前にやるべきことをやるのが当然のことになりました。私はのんびりした性格ですが、負けずきらいなので、突き進んでいくことができました。

周りの協力に感謝

いまふりかえると、在学中は365日夢中で過ごしていました。ヴァイオリンの練習、学校の勉強と、ほんとうに忙しかったですね。それができたのは、ひとえに先生方のおかげです。１年の担任は山口治子先生（現校長）、２年の担任は藤田ゆかり先生、３年の担任は飯島優先生でした。

そして、音楽教諭であり、教頭先生だった小松悦子先生にはたいへんお世話になりました。「この学校からも、ぜひ芸大の音楽科に入学してほしい。あなたならできる」と励ましてくださり、私が練習と勉強が両立できるように支えてくださいました。そのご尽力で、私は効率よく勉強ができ、ヴァイオリンの練習にも励むことができました。

数多くの先生方のご理解があり、学校全体でサポートをしていただいたことに、そして、芸大に

入学する夢を叶えられたのは「瀧野川女子学園高校だったからできたこと」と、感謝しています。

茶道部でひとときのやすらぎ

当時の部活は単位制でしたので、どこかの部活に入らなければなりませんでした。どうやってヴァイオリンの練習時間を作るかが私にとっては大きな問題でしたから、早く帰ることのできるクラブはなにかと考えました。

茶道部は拘束《こうそく》時間もそう長くないことが魅力で参加しました。

でも、私によりぴったりだったのがピアノ部でした。ピアノ部はピアノを個人指導で教えていただけるクラブでした。学校生活の中でピアノを練習できたので、時間の足りない私にとっては負担にならず、単位もとれるので一石二鳥のクラブでした。

授業はその場で覚える

「夢は音大生」と決まっても、普通高校に在学するということは、音楽だけをやっていればいいというわけではありません。英語・数学・国語……も勉強しなければなりません。授業中にその場で覚える、わからないことはすぐに聞いてわかるようにする、それを心掛けました。

コンクールに出場するためにお休みをしなければならないときがあります。その間の授業内容を友人にまとめてもらったときには感激しました。みんなの温かな気持ちがほんとうにうれしかったです。

私はこの３年間で、「集中力」と「バランス感覚」が養われたような気がします。勉強の時間がないので、授業は集中してその時間内に理解する。そうしないわけにはいかなかったのです。宿題があれば休み時間にしました。

でも、音楽だけに片寄ることなく、すべての科目をバランスよく勉強できたのは私の強みになっています。一般常識や基本的な知識を学べたことは、ほんとうによかったと思っています。

誰の前に出ても恥ずかしくない教育

幅広く勉強しておいてよかったと思ったのは、大学に入学してからです。頼まれて宛名《あてな》を書くことや、メモを書いて差し上

げる機会があります。私は国語の時間に、文字の書き順や、文字の「はね・とめ・はらい」を厳しく教えてもらっていましたので、人前でもきちんと書くことができます。「きれいな文字を書きますね」と言われることもあります。きちんと勉強しておいてよかったとつくづく思うのです。

また数学などの勉強は、頭のどこかのポケットにその知識が入っていて、必要なときに出てくるのです。人の心に響く演奏をするためには、五感を磨いておくことも大切なことなのですが、人の気持ちを通わせるために、勉強して損をしたということなど、なにもないのを感じています。

かわいいヴァイオリニストを育てる夢

ヴァイオリンを演奏して、感動してもらえるのはとてもうれしいことです。それとともに、私がいま喜びを感じているのは、かわいいヴァイオリニストを育てることです。私は大学時代から子どもに教えていますが、技術を吸収してどんどん上手《じょうず》になっていく子どもを育てる喜びは、なにものにもかえられません。

才能が開花してコンクールで優勝する子どもには、さらに上を目指して世界に羽ばたいてほしいですが、それだけでなく、それぞれの子がそれぞれの形で音楽を楽しんでいるのを見るのが一番の喜びなのです。いま、私は４歳から74歳までの人を教えています。誰にでも可能性があります。すぐに結果がでるとは限りませんが、やったことはやったなりのことが後から必ずついてきます。

私は30歳くらいのときに、いままで日々努力してきたことが形となってきたのを感じました。積み重ねたことはウソをつきません。これからまた、新たな夢に向かっていきたいと思っています。

卒業生にインタビュー 4

やりたいことができ「素」を出せる女子校の魅力

河上《かわうえ》佳《けい》子《こ》さん

2001年卒。同年国際医療福祉大学保健医療学部看護学科入学。
卒業後の2005年、埼玉県立小児医療センターに勤務。看護師。

バトン部のリーダーとして成長

母が温かな先生たちの雰囲気を気に入って、瀧野川女子学園中学に入学しました。高校からはバトン部に入部したことが一番思い出に残っています。

バトンの演技は３分から５分。代々伝わっている曲や、自分達で選曲した曲に合わせてダンスを創作し、演技を完成させていきます。10人くらいのグループに分かれて練習しますが、演技が完成したときが一番うれしいのです。学園祭と体育祭を目標にダンスを完成させますが、１年間頑張ってきた演技にみんなから拍手をもらったときは感動しました。ミニスカートのユニフォームは学年毎《ごと》に部員がデザインします。１年生はまだユニフォームを着られません。憧《あこが》れのまなざしで見られるのが恥ずかしいような、うれしいような気分でした。私は人前にでるのは得意ではありませんでしたが、バトン部で慣れていきました。通常は、放課後の週３日、夏休みには屋上校庭で練習していました。私が部長に任命されたときには、母から「できるの？」と喜び半分、期待半分の声をかけられました。部員をまとめるのは大変なことでした。

バトンを手にして

クラスは進学に力を入れているクラスでしたので、つい部活がだらけてしまうこともありましたが、「何回休んだらダメ」とか、「辞《や》めたらダメ」とか、みんなとはげましつつ団結するための目標を作りました。朝は7時ごろから朝練をしたり、夜は友達の家に行って練習したりもしました。大変でしたが、部長としてバトン部をまとめてきたことで成長し、得られたものは大きかったと思います。

わからないことはすぐ質問

バトン部の部長に推薦《すいせん》されてから職員室に顧問《こもん》の先生を訪ねることが多くなりました。職員室はオープンな雰囲気なので気軽に入ることができます。顧問の隣《となり》には数学の田上章先生がいらして、何かと声をかけてくださいました。

授業で印象に残っているのは数学がわかりやす

かったことです。クラス単位ではなく２つのグループに分けた少人数制で勉強できたので、ほんとうによくわかりました。同じように、英語や国語も習熟度別のグループでやっていました。数学はコツを覚えれば理解しやすいのですが、それを根気強く教えてもらったような気がします。

どの先生も話しやすく、親身になってくれます。休み時間でも教えてくれますし、授業の始まる前に教室に来てくれるので、なんでも話すことができました。受験のときはさらに個別に細かなことまでも、教えてもらうことができました。わからないことは即解決。休み時間も楽しく勉強できたのです。

クラスの目標は「気合いと根性」

高校時代のクラスは面白くて、活発な仲間が多かったように思います。先生から「君たちのクラスにくると気合いが入る」と言われたくらいです。質問が多い代わりに無駄話《むだ》も多かったですね。女子校なのにクラスの目標が「気合いと根性」を掲げていましたから（笑）。そういうクラスなので、いつでも気軽に先生に質問できました。いい意味でフレンドリーな環境でした。

受験に向けては、先生が手厚く指導してくださるので、参考書だけの勉強でも、受験のバックアップ体制は大丈夫なように思えました。理系だと現役の方が有利だと言われます。浪人すると推薦がとれなくなるので、一生懸命に頑張りました。

看護師のやりがいと使命感

就職した埼玉県立小児医療センターは、実習生を9～10校受け入れています。看護師はいつの時代でも、人気の職種なのでしょう。私はいま、小児医療《しょうにいりょう》を担当しています。生まれたときから心臓が悪い赤ちゃんや、それを受け入れるご家族のことを思うと、大変なこともありますが、やりがいがあります。人生の縮図を見ているように感じるときもありますが、運命を受け入れる姿勢の大切さがわかるようになりました。

勤務時間は、日中は8時間ですけれど、夜勤は17時間拘束《こうそく》となります。高校時代は精勤賞をもらったくらいなので健康には自信があります。学校を休まなかったのは、体がタフだったのと学校が楽しかったからです。

面接・小論文の練習も

看護師になる目標を決めたのは、ばくぜんとした憧れのようなものがあっただけでした。でも、先生に相談をしているうちに「看護師になる」という目標ができたのだと思います。

高校時代は通常の勉強も大事だと思いましたし、数学には特に力を入れました。推薦入学には面接や小論文がありますが、先生は面接の練習や小論文の書き方など、親身にバックアップしてくださいました。

国際医療福祉大学に入ってからの看護学科は授業がぎっしりあり、かなりハードでした。３年生の実習は特に大変でした。調べものをして、３時間睡眠ということもありました。しかし、そのときのハードな勉強があったからこそ、いまの自分があるのだと自負しています。

現在の仕事場での担当は、心臓外科循環器系《じゅんかんきけい》の小児病棟《びょうとう》です。心臓の手術をしてもよくならず、呼吸器

をつけている子どももいます。少しの回復や成長で喜び、少し状態が悪くなると落ち込んでしまう家族の方の心情もよくわかります。子どもは何度も入退院をくりかえしますが、それでも成長が見えるとうれしいものです。ナースコールが10分おきに鳴り、夜中の２時くらいまで寝られないという子どもがいました。眠れるまでそばでずっとお話をしていたこともありました。精神的にも安心できないと病気がよくならないので、患者さんのために、自分のできることは精一杯していこうと思っています。

卒業式の手紙

高校３年生の担任の先生が一人ひとりに手紙をくれました。卒業式の最後の日に、です。「看護師の夢に向かって頑張ってください」と手書きされた手紙は私の宝物になっています。

また高校時代は、部活で忙しく、時間の使い方が上手《じょうず》になりました。通学時間はみんなと同じように勉強をしていました。特にテスト前はよくやっていました。夜になると、友だちにメールで

「寝ていない？」と打って、返事がなかったら寝てしまったのかしらと心配になり、電話をすることもありました。お互いに刺激しながら、勉強できたのはよかったと思います。

さらに、体育の嫌いな私が体育委員を２年やりました。体育委員はラジオ体操をみんなの前にでてやるのです。このことで体を動かすのが苦でなくなりました。人と比べるのではなく、自分の頑張りを感じることもできました。女子校でよかったと思うのは「素」でいられる自由なところです。

楽しい学生生活を保証します

瀧野川女子学園では、必ず楽しい学生生活が送れると思います。夢を叶えるための学校のサポートは見事だからです。

それから、部活は大変だと思える部に入った方がいいと思います。得ることが大きいからです。社会に出てから役に立ちます。私は部活のあとに食べた冷凍クレープのおいしかったことをいまでも覚えています。みなさんも瀧野川女子学園で楽しい学生生活を満喫《まんきつ》してほしいと思います。

忍耐力がついたのは バドミントン部の おかげ

後藤起《ゆき》子《こ》さん

2001年卒。2003年聖徳短期大学で栄養士の免許を取得。病院で非常勤の実務を経験し、2005年聖徳大学で管理栄養士を取得。現在、社会福祉法人江東園に勤務し、調理サービス部部長として活躍中。

入学の動機はバドミントン

母がバドミントンをやっていたこともあり、私も小さいときから地元のバドミントンクラブに入っていました。瀧野川女子学園の中学校を見学に来たときにバドミントン部があったので、これで続けられると受験することを決めました。

入学してすぐ入部しました。土日も部活はあり、休みは週に１日だけ。体育館で６時まで練習して帰る生活で、忍耐力がハンパなくつきました。

実は、バドミントンは頭を使います。人の動きを見ながら打つ。思わぬ方向に打ったり、裏をかいたり、人に嫌われるくらいでないとうまくなれません。私はどちらかと言うと運動神経が悪いので、頭脳プレーをめざしました。

私はケガをしてギブスをしていたときでもなるべき休まずにコートの片隅《かたすみ》で筋トレをしていました。顧問の先生も必死に教えてくれたので、その熱意

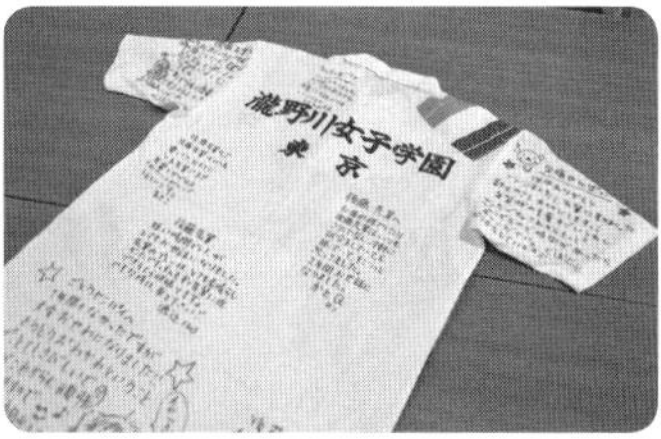

ユニホームへの寄せ書き

が私たちを支えてくれていたと思います。また先生は、私たちのいいところを個別に見てくれていたので、信頼して引退時期まで続けることができました。

心が強くなり、忍耐力がついた

バドミントンの試合は緊張しますが、負けた悔しさをバネに頑張れました。自分ではそれ程心が強いとは思っていないのですが、部活のおかげで、どんなに怒られても、「それくらいは、私は平気」とへこまなくなりました。他の人は怒られることに慣れていないと、すぐ落ち込んでしまいますが、私は気を落とすというよりは悔しい気持ちが勝ちます。

体はもともと丈夫《じょうぶ》でしたが、部活の練習で、さらに強くなりました。我慢強くなり、「苦しい」と思える限度が他の人よりも高いのかもしれません。社会人になり仕事をしていても、「これくらいで苦しいって言わないで」と思うこともあります。

熱心にしてくれた進路指導

時々、高校のクラスの友だちとOG会をしています。看護師・保育士など希望の道へ進んでいますが、みんなが学校に感謝し

ていることは進路指導です。時間をたっぷりとってくれて、先生は何回でも私たちに声をかけてくれました。自分から気軽に相談にいける雰囲気でした。先生も忙しいのに、私たちの希望が叶うように資料を集めてくれました。大学の推薦《すいせん》状況なども教えてくれるので、とても頼りになりました。おかげで希望の大学へ進学することができました。

その後、聖徳短大で２年学びました。そして管理栄養士の国家試験を受けるために、１年だけ東大病院で仕事をし、１年を聖徳短大の専攻科に入り直して勉強をしました。実務でいろいろなことがわかった後に勉強したことは、よい経験でした。夢が叶い、管理栄養士に受かったときには、ほんとうにうれしかったです。

食べることの大切さ

そもそも私が栄養管理士になろうと思ったきっかけは、祖父が食道ガンになって流動食になったことによります。流動食がおいしくなく、栄養がとれずにどんどんやせてしまい、その上、認知症になってしまったのです。ある日、祖父が病室から点滴《てんてき》の管《くだ》を引いて家に帰ってきたことがありました。中学生だった私は、大好きな祖父がやせこけ、表情がなくなっていく姿を見るのが辛《つら》く、おいしくて栄養のあるものを食べてもらいたいと思うようになっていました。そのときに何もできなかったくやしさが、いまでも心のどこかに残っているのですが、そうした体験が、いまの栄養士の仕事につながっているように思います。

管理栄養士は分析力が必要

高校に進むときは、栄養士になりたいと思っていましたので、理系のコースを取りました。

栄養士になるために、必要なのは分析力だと思っています。情報がいろいろある中でどの情報を生かすかということが一番大切です。たとえば病院などでは病人の身体データを見ながら、この病気にはどの栄養素が必要であるかを考えなくてはなりません。いろいろなデータの中から分析して、必要だと思うベストなものを選択することが必要になります。細かな作業ですが、これを面倒だと感じる人には栄養士は不向きかもしれません。

私は管理栄養士の試験を受けた後、現在の江東園に就職を決めました。

大学でも通用する理科のレポート

仕事をしていく上で、栄養学以外の必要な知識は多々あります。例えば、老人施設の利用者と接する際、認知症の方もおられますから、そのような方のケアについて勉強する必要があります。

また、高校では理科の実験をしたあとに考察をしました。わからなければ何度でも実験をやり直さなければなりませんでした。そのレポートは大学でも通用することが目標だったので再提出は当たり前。自分では完璧《かんぺき》と思っても、先生からのアドバイスで赤字がたくさん入っていました。そのおかげで考察力がつきました。いま、報告書をチェックする仕事を職場でしていますが、そのときの訓練が役に立っています。

企画を考えて実行する

職場の江東園では老人施設と保育園が併設されています。

老人施設の利用者で希望する人だけなのですが、食べたいもの、料理したいものを決めて、園児と一緒に食事を作る企画もあります。献立を決めて、どんな材料がいるかを考え、スーパーで買い物をし、材料を切るところまで、すべて利用者の方が行うのです。自宅で料理をしていたことを思い出すことや料理の手順を考えるそのものが脳の機能維持として大事だからです。いままでに人気のあったメニューは、すいとん・ぎょうざ・和風スパゲッティ・スイートポテトなどです。

仕事は苦しいこともあるけれど楽しい

私の勤務している老人施設では、利用者の方に近い位置に栄養士がいます。利用されている方の顔、その家族もわかります。病院だと私の名前を覚えている患者さんはまずいません。いまの施設では、私の名前を覚えてくれているので、やりがいがあります。

いまでは楽しく仕事をしていますが、苦しいときもありました。ケアワーカーと調理員の間に栄養士がいて、両者の調整が難しいときです。利用者の方がしてほしいことは、なるべくかなえてあげたいのですが、うまくいかないのです。当時、私は厨房《ちゅうぼう》ではこわいと言われていました。そんなことではいけないと気づいて、研修に行かせてもらいました。人に話を伝えるときの方法や人と接するときに、上に立つものはどうしたら良いか、の方法を勉強させてもらいました。

この研修が転機になり、仕事への覚悟ができました。このとき27歳でしたが、女性が仕事をもつための基礎が身につきました。その後は、仕事に対しての心構えがブレないようになりました。

読者のみなさんには、一生懸命になれるものを見つけて、それを学生のうちにやっておいてほしいと思います。それが大人になったときに、大きな力になるからです。ぜひ実現してください。

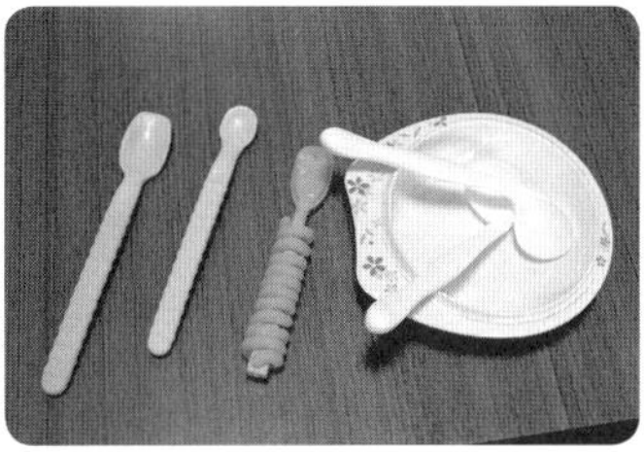
老人施設で使用しているスプーン類

熱心な先生に人と関わる面白さを教えてもらった

美濃幸子《さちこ》さん

2002年卒。同年東京女子体育大学に入学。卒業後、総合体育研究所に就職し、幼稚園の課外事業で新体操の教師および児童館で親子体操を担当。１年後、NPO法人 花岡児童総合研究所に転職。障がいをもっている子どもの支援や幼児・児童の野外教育活動をしている。

女子校入学が家族の希望だった

家族全員の希望が「女子校に行くこと」でした。家族は父母と19歳違いの姉と15歳違いの兄。こんなに年が離れているので、私はほぼ一人っ子と同じ環境で育ちました。

若さから母は姉兄《きょうだい》2人を勢いよく育て上げましたが、末っ子の私はのんびりと育てたそうです。姉兄からするとのんびり育った私は、きっといじめられっ子になるに違いないと、姉や兄は心配していたようです。

女性らしさを身につけてほしいという願いの両親をはじめ、姉や兄のすすめもあり、瀧野川女子学園に入ることになったのです。自由度が高い学校でしたので、自分には合っていたと思います。

たくさんのことを学んだ大好きなダンス部

習っていたクラシックバレエを生かし、中学ではダンス部に入りました。

私はそれまで、バレエを生活の基本に置いていましたから、学校の試験の前でもバレエを休んだことはありませんでした。

ダンス部に入っても、月水金はダンス部、火木土はバレエというように、曜日が違っていたので毎日踊っていました。バレエとダンス部の両立は自分の中では難しいことではなく、かえって楽しいことでした。

しかし、夢をもってバレエに打ち込んではみるのですが、体型がバレエ向きではないと思い知らされることもあり、自分がバレエに向いていないことがだんだんわかってきました。バレエでプロにはなれないと感じましたが、ダンス部で様々なジャンルにチャレンジすることでダンスの幅が広がり、踊る楽しさが増えました。

また、新しいことへ挑戦する意欲とあきらめない力をやしないました。さらに、部員と力を合わせ１つの目標へ向かうことや、一緒に踊る楽しさ、先輩との関わりや後輩への指導のやりがいもあり、社会性をはじめ学ぶことがたくさんありました。

廊下を歩くとあいさつがとんでくる

瀧野川女子学園では、「ごきげんよう」とあいさつします。在学中、すれちがったときに「どうして、あいさつがないの？」と言ってくれた先生がいました。それほど、

あいさつは誰とでも自然に出てくるものだったのです。教室に入ってすぐ「グーモーニング！」と外国人の先生に言われて、私たちが恥ずかしくて下を向いてしまうと、「グッドモーニングでしょう！」と注意されて、「グッモーニン！」と言ったときの気持ちよさ。それからは英語のあいさつはふつうになりました。

廊下《ろうか》で顔が合えば、あいさつからはじまり、「おっ、きょうはダンス部やるの？」と言ってくれる先生がいて、廊下を歩くだけで会話をよくしていたように思います。

社会では自己表現がとても大切になります。面接で自分をアピールできないと、落とされてしまうこともあるのです。まずはあいさつ。そして人とコミュニケーションをもちましょう。

私の前に道が開けた

東京女子体育大学に推薦《すいせん》入学できたときは、ダンス部顧問の野々垣先生の母校でもあり、嬉《うれ》しかったです。そして瀧野川女子学園で教育実習をした時はダンス部には毎回参加したし、たくさんの授業を見せてもらいました。HR クラスの担当として、１日中生徒と過ごしたことも新鮮でした。

教育実習の結果、自分でわかったことは、私は人と関わることが好きで何かを教えたいということ。そして、大学卒業後の夢はやっぱり人に関わった仕事をしたい、誰かの役に立ちたいということでした。みんなを笑顔にするために、私が笑顔で人に接しよう。自分を好きになって、人を好きになれる人になろうと誓《ちか》ったのです。

卒業後も「ただいま！」と母校へ帰る

卒業後もたまに学校に遊びに行きます。仕事でこまっている話をすると的確なアドバイスをいただけたり、「資料があるからいらっしゃい」などと言ってもらえました。卒業生にも手厚い対応があり、また先生方のかわらぬ笑顔で向かえてもらえると、学校に「ただいま」と帰ってきてしまいます。いまの友だちにも「中学や高校に帰れるってすごい」とうらやましがられます。

昨年、私の母が亡くなったときに、先生はじめお友だちがお葬式《そうしき》に参列してくださり、母の思い出話の中で、「ダンス部の母」と言ってくれました。また「お母さんがダンス部を応援してくれてうれしかった」と母を慕《した》い、「お母さんの喜ぶことができたらいいね」と言ってくれました。これがきっかけとなって学園祭で踊らせてもらうことにもなったのです。

また、この学園祭が終わると、現在のダンス部に昔の伝統の曲を伝えようということになり、定期的に卒業生が後輩を指導するようになりました。「私たち、6年間楽しかった、その恩返しをしよう」と自発的に出てきたことです。新しい下級

生との交流が始まり、次世代に伝えられる場をいただき、嬉しく思っています。

子どもの成長に関われる幸せ

私が仕事をしているNPO法人花岡児童総合研究所は、ノーマライゼーションの理念にたち、障がいを持つ方も持たない方も、共に豊かに生きる力を身につけ、社会の中で互いに認めあって生活ができるよう、一人ひとりを大切にしている福祉・教育事業です。私の仕事は障がいを持っているお子さんの支援を行う事業が中心です。

週一回、三鷹の教室にとどまらず社会資源を使い指導することによって、将来、より社会に出て生活しやすいように支援しています。また月一回、野外を中心に学年や発達に合わせたプログラムのもと、小集団での活動を行なっています。

初めは関係性のなかった子どもたちが回数を重ね仲よくなり生涯の友だちを作っています。また何をやるにも笑顔を見たり、出来なかったことが時間をかけ出来ると嬉しく思い、貴重な子どもの一瞬（成長）に関われることに幸せです。

障がいのある子をもつお母さんは一生懸命の人が多いのですが、子どもに対して小言も多くなりがちです。でも、子どもはやりたいと思ったときに的確な支援をするとできるようになります。そのために、まず子どもを知り、認めることから始めるのが大切だと思っています。

自信がついた学校生活

瀧野川女子学園はすごく温かい学校だったので、友人と話をしているといろいろな思い出話が出てきます。私が感じた校風は、穏やかで自分を素直に出せる、自己表現を認めてくれる、といったものです。まさに自分自身では見つけられなかった自信をつけてくれたのが、瀧野川女子学園でした。

10年たったいま、ここを選んで通ってよかったとつくづく思います。6年間のんびりしながらも、本気でチャレンジすることができました。女子校のよいところを吸収できたと思っています。

客室乗務員に向かってレールを敷いてもらった

従《より》野《の》恭《きょう》句《こ》さん

2001年卒。同年杏林大学外国語学科入学。卒業後、国内系航空会社の客室乗務員に。数々の社内外の資格を取得し、チームコーディネーターとして活躍中。

のびのびしすぎる小学生

中学受験のために、いろいろな学校見学に行った母と選んだのが、瀧野川女子学園でした。ひとりっ子で、のびのびとしすぎる私の性格にぴったりだと感じたと、母はその時言っていました。また、「先生の人間性がすてき。先生と生徒とで学校を作っている感じが気に入った」と言っていました。

ほかの子と違う考え方をする私を、母はよく理解していました。幼稚園のおもちつきのとき、練習用のおもちは捨てるのですが、このとき私は「もったいないと思う」と保育士さんに言ったそうです。また小学校の面接では「お友だちがたくさんできて楽しいわね」と言われて、「まだ入学していないので楽しいかどうかはわかりません」と答えていたそうです。生意気な子供ですよね(笑)。

ダンス部でチームワークを学んだ

クラシックバレエをやっていたので、部活はダンス部に入りました。ダンス部がつらいときは勉強で気分転換をはかっていたので、クラスも大切な居場所でした。

ダンス部に入って学んだのは、チームワークの大切さです。顧問《こもん》の田中（野々垣）先生は非常に厳しい先生で、あらゆることを基本から教えてくれました。自分の人生の基礎を作ってくれたといっても過言ではありません。たとえば、踊りの質・真剣に取り組む姿勢・教わるときの態度などです。教える側は教わる人の2倍から3倍努力しているのだから、まじめにやること。「先輩は2倍努力しているのだから、あなたたちは4倍努力しなさい！」など、毎日ゲキが飛びました。

当時、中学生で、ダンスコンクールに出られる部員はオーディション制でした。選抜されてもされなくても、その後の人間関係が難しくなります。

また、中学生が高校生と踊るのは体の大きさや技術の面で大変です。選ばれたあとのコンクールまでは必死で練習したのを覚えています。その後、全員参加になりましたが、

あの経験は、あきらめない強い心を創ってくれました。

客室乗務員は憧《あこが》れから夢になった

中学の修学旅行が九州に決まり、その前に飛行機に乗っておこうと夏休みに家族で北海道旅行に行きました。そこで客室乗務員という仕事を初めて見ました。一瞬にして、この仕事に就きたい、と思ったのを覚えています。親子と先生の三者面談のときに、「客室乗務員になるには、いままでの勉強量ではとうてい無理」と先生に言われ、さらに「毎週ボールペンを１本使い切るつもりで集中的に勉強しないと難しいでしょう」と言われたのです。しかし、私は夢を明確に描くことができたので、その夢に向かって懸命に勉強することができました。

人は仕事で作られていく

高１のときに学校の語学研修の「１カ月のホームステイ」に参加し、英語が好きになりました。その後、夏休みごとにホームステイを３回経験しました。高３のとき、アメリカの現地に着くと、ホストファミリーが変更になって不安になりました。このときのことを、「世界で１人になってしまうこともあるのよ。いつも誰かに守ってもらえるわけではない」と母に言われ、はっとさせられました。私は一人っ子でしたが、女性は自立するのが当然と思っていました。母に「仕事は人を作る。人は仕事で作られていく」と教えられていましたので、仕事を客室乗務員に決めると、それに向かって頑張れる自分がいました。

大学進学については、杏林《きょうりん》大学に進学する友人に付いて、大学の見学に行ったのがきっかけです。こんな静かな環境だったら、まじめに勉強できるだろうなと思って、学校に相談して、外国語学科に推薦《すいせん》していただきました。大学はまじめに勉強する人が多く、落ち着いて過ごせました。瀧野川女子学園の延長で人間力もつけることができ、日本語教師の免許を取得しました。

心に残っている先生のことば

英語の中で、英会話は好きですが、文法・リーディングは嫌いでした。「高校時代は好きな勉強だけをするだけではだめよ。

大学では好きなことができるのだから」と先生に言われて納得。暗記は大切なので、レシテーション大会（暗唱）に出場するために、頑張りました。先生に課題の発音をチェックしてもらい、ブラッシュアップして大会に出場しました。２回目にチャレンジしたリスの話は大好きな内容だったのですが、緊張のあまりセンテンスが抜けて失敗してしまいました。いまでも職場で機内アナウスをするときに緊張してしまうのは、このためかな？と思ったりします。

また強烈に印象に残っているのは、田中先生のことばです。「私はあなたたちに好かれたいと思ってやっているわけではない。嫌われても平気よ。卒業して10年たって『いい先生だった』と思われればそれでいいの」。いま、私が後輩を指導していて、注意しなければいけないことがあると、このことばを最初に思い出します。

苦しいときは学校へ足が向く

苦しいときでも楽しむことができるように、心のふりはばを大きくしてくれたのは学校でした。私は心や感情の動かない人はこわいと思っています。自分に感情のふりはばがないと他人の感情を理解することができないからです。私は行事や部活を通して、泣いたり、笑ったり、怒ったり、友だちの前で自分の感情をきちんと表現することができました。

学校の廊下《ろうか》などを歩いていると、私が習ったことのない先生が、よく声をかけてくれました。「よっち！そのジャージだめ。脱いで」と家族のように関心をもって、私を見ていてくれるんだと思ったものです。

卒業して12年たちました。会社で悩みがあったりすると、学校に来ます。自分の成長を確かめる原点がここにあるからです。

ピカ１の先生ばかりだから、勉強を楽しく学ぶ姿勢を教えてもらいました。親や友人に言えないことも先生には相談できました。そして自分のことを親よりも知ってくれている先生がいます。その安心感が、困ったことの解決に力を与えてくれるのです。感謝しても感謝しきれないくらいです。

中高ではやりたいことをやってみよう

いまはテレビやパソコンで情報が得られます。実際に行っていないのに行った気になり、やってもいないのに、わかった気になることがあります。でも、私はまず自分の体で体験することが大切だと思っています。高3になると進学のことなどでだんだん自由になる時間がなくなってきます。余裕のある時期に、少しでもやりたいことをやってほしいと思います。

中高生になって何かに打ち込むことは、あとになって必ず役に立ちます。親も子どもの好奇心をおさえるのではなく、温かい目で見守ってほしいと思います。私の場合はダンス。それがいまの私を作ってくれたと思っています。

わからないことはわからないままにしない、ていねいな授業

新井恵さん

1993年卒。同年東洋英和女学院入学。２年終了後、青山学院英米学部に編入。1997年卒業後、学習塾で室長として活躍。現在は英語講師・プロ家庭教師。臨床心理士の資格も取得し、カウンセラーとしても活躍中。２児の母。

好きな英語に熱中、教科書を丸暗記

小・中学校では学習障害と言われるほど勉強ができませんでした。勉強する気にもなりませんでしたし、できないことはできないと言ってしまう性格なので、不適応の烙印《らくいん》をおされて、区立の小・中学校生活を送っていました。当時、私が好きだったのは、英語・国語・音楽・体育です。好きな科目の勉強はしましたが、先生には認めてもらえませんでした。

英語は大好きで、世界の人と話をしたいと思っていました。実際の勉強では、ラジオで英会話の番組を聞いて、英会話のクラブに通っていました。学校の教科書は全部暗記をしました。日本語を見て英文にできるようにしました。しかし、日常では自分を生かしきれない、もどかしさを感じていたのです。

高校進学の相談で、得意な英語を伸ばせる学校に行きたいという希望を伝えると、「あなたには女子校が向いている」と、瀧野川女子学園を選んでくれました。これが大正解。高校に入学すると、思いのまま自由に長所を伸ばし、のびのびと学校

生活を楽しむことができました。

不得意科目もていねいに教えてくれる

他の人には簡単なことだと思われることも、先生に気軽に質問ができる環境でした。こんなことを聞いたら恥かしいから黙っていようと思うこともなく、まわりの目を気にすることもありませんでした。わからないままにしておくと、苦手な数学がますますわからなくなり、最後は数学をあきらめてしまうことになりそうですが、一生懸命教えてくれる先生に悪いと思い、できないなりに頑張ろうと思いました。

「わからないことはわからないままにしない。今日できることは明日までのばさない」という学校の教育方針に助けられたのです。現在、私は仕事の関係で中学生の進学指導もしており、学校の見学をする機会があります。大半の授業が先生の一方的な説明で進められています。

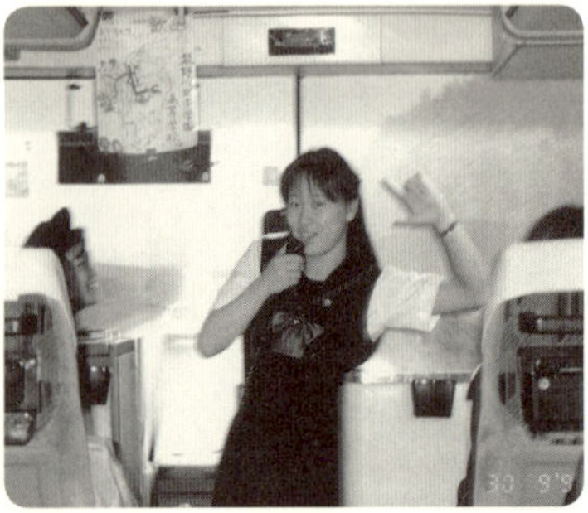

瀧野川女子学園

の授業は生徒とのやりとりを基本にしており、改めてその魅力を再確認できました。

対話形式で先生が身近か

英語の授業で、「アバウト」という言葉が出てきたときに、「『ほら、あいつアバウトだから』みたいに使うでしょ？」と先生が言います。すると、生徒が「ウーン？」と首を傾《かし》げます。「言わない？　まだわからないかな？」と先生は何げない会話をされるのですが、私はそれをよく覚えています。いいかげんなことをアバウトと言うんだという記憶が残っているからです。英語の場合、先生が使い方やフレーズを教えてくれて、生徒とのやりとりでその記憶を確かにさせてくれます。ただ説明するのではなく、生徒と対話をすることで、そのシーンを思い浮かべられるのです。

テストの予想問題を作る

学校は生徒の自主性を重んじて、なんでも自分たちで決めて、自由にやらせてくれました。私はクラスの中でまとめ役をしていました。あの人の言い方は嫌《いや》だなとか、無口で付き合いづらいなど、友だちに対して偏見《へんけん》を持ってしまいがちですが、誰とでも無心で接すると心を開いてくれるものです。そのために、どの友だちとも気軽にランチをするようにしました。

そして、クラスが一丸となったのは定期テストのときです。私は英語が得意だったので、英語の予想問題を作りました。コピーをとってみんなに配って「わからないところがあったら質問してね」と言って、みんなで勉強をしました。理科や家庭科のできる人はそれぞれの予想問題を作りました。

自分だけできればいいということがなくなると、クラスの雰囲気が明るくなります。先生から「赤点の人がゼロ」「いままでにない、まとまったよいクラス」と言われたときは、ほんとうにうれしかったです。

何がわからないかがわかれば偏差値は上がる

私は劣等生だったので、教えるのが上手《じょうず》だと思っています。生徒のわからないところがわかり、わからない生徒の気持ちがわかるからです。

私は塾や家庭教師で300人を超える生徒を教えてきました。いまもたくさんの生徒を教えています。生徒が集まってくるのは「偏差値が上がる」という評判からです。コツをつかめば、20～50点の偏差値を上げることができます。

また、生徒を自分よりも優秀だと思っている先生の方が、生徒を伸ばせると思っています。子どもの前でも、「こんなのはじめて知った」と平気で私は言います。「先生なのに知らないの？」と言われたりしますが、知らないことを知っているとは言えません。子どもは真剣につきあうと心を通わせてくれます。

さらに、父兄の方の信頼を得ようと考え、カウンセラーになることに挑戦し、2年間でその資格をとりました。資格のおかげで父兄からの信用のみならず、子どもとのコミュニケーションをより一層深めることに役立っています。

人は真剣に関わると変わる

人はだれでも、きちんと自分の方を向いて、真摯《しんし》に関わることで立ち直れます。私はカウンセリングをするときに、問題点をズバッと話します。

ふつうは信頼関係を結ぶためにある程度の時間をかけて本題に入るわけですが、信頼を短時間で築くためには、相手を見ぬくしかありません。これは一種の訓練です。心理学的には受容と共感ということになるのですが、そのポイントは相手のいいところを見つけることです。その人を尊敬する姿勢が何よりも大切です。

中高生のみなさんは、人と比較した自分とか、他人が評価した自分とかではなくて、自分はどう考えているのかという自分の心に素直に向きあうようにしてください。

大人になると、常識などに凝《こ》り固まってしまうので、自分の本心に向きあうのが難しくなります。素直になって自分のやりたいことを見つけることが重要だと思います。

人生が変わった高校生活

中学までの私は、きかん気が強く、素直に生きていられませんでした。高校に入ってから自由にさせてもらったら、自分の気持ちに素直になることができました。いい子と言われたことがなかったから、自分の心に素直に生きられなかったのです。

人生が変わったのは高校からです。明確に将来の夢を、語学に関わることと決めたのも、高校生のときでした。まだ志なかばですが、カウンセラーとして心療《しんりょう》内科の仕事のようなことをしているので、医学的なことも、法律のことも、もっと勉強をしたいと思っています。

いま、私は自分の息子と娘を育てていますが、「責任のとれる子」に育てたいと思っています。そして叶えたい夢を１つずつ実現できるように頑張って生きていきたいと考えています。

ダンス部や学校生活によって、私らしさが培われたように思います

金泉昭美《きんせんてるみ》さん

2002年卒。同年高崎経済大学入学。卒業後は広告代理店の営業、転職後、大学・専門学校の募集マーケティング等に携わる。子育て支援等のために資格を取得。現在は販売促進の会社で生徒募集支援をしながら、ライフワークとしてセミナーや勉強会などを主催している。

経験を活かし、ダンス部へ入学

中学受験の見学で学校を訪ねたときに母が一言「ここはいいわ。先生が柔和でいい雰囲気」。それが入学理由です。

新体操を習っていたので、入学してすぐにダンス部に入りました。ダンス部は学園祭の花形でした。また年に2回、東京都私立女子高校が参加できるコンクールや渋谷区のコンクールがあって参加していました。コンクールでは一定のレベルで戦わなければなりません。チームとして評価されるので、ひとりだけ体の向きが違ったり、足の上げ方が違ったりすると評価が下がります。こまかな動作がくずれると、チームで戦えなくなります。ですからメンバーの役割を徹底的に教えられました。

コンクールに焦点を合わせる

ダンスはまずテーマを決めて、イメージを話しあって、表現をどうするかを試行錯誤《しこうさくご》します。実際にダンスをしてみて、「イントロの振り付けを変えてみよう」「こんな動きを考えてみたけれど、どう？」というようにメン

バーの意見をとりいれながら、ダンスを作っていきます。ジャズダンスやモダンバレエは、色々なダンスの基本であり、また、体の使い方や柔軟性など基礎が大切です。

コンクールでの審査はストーリー性・動きの完成度・芸術性など、こまかな視点で見られていたと思います。発表の場になれば、となりのメンバーを見ることはできません。呼吸を感じながら踊ります。息があっていないということは、踊りが揃《そろ》っていないということです。小さな声で調子を合わせることはありますが、練習に練習を重ねて気配で察して動き、揃った動きができたときは、ほんとうに気持ちのよいものです。

自分の役割を知る

ダンス部の先生からは「なんで自分から考えないのか」「もっと率先してやりなさい」と言われ続けました。それで、いま自分ができることはなにか、チームでの自分の役割はなにか、などを考えるようになりました。ダンス部全体の夢も考えました。ただ踊ればいいのではなく、考えて踊る習慣がつきました。

これは社会人になってわかったことですが、自分で考える習慣がついたことは役に立ちました。企画書を書く。提案書を作る。話し合って物事をすすめていく。ダンス部で細かなことを考えながら、組み立てていった経験が活きていると感じます。

体育祭で「ダンスに出なくていい！」

中学２年生の体育祭の前日に事件は起こりました。全員集合したとたん「２年はダンスに出なくていい！」と先生から言われてしまったのです。理由は、ホームルームが遅くなって、集合時間に遅れた人がいたことによります。「うそでしょう？」という感じでした。でも、ダメなものはダメでした。連帯責任ですから翌日の体育祭は、２年生は見学でした。みんなでくやしくて泣きました。その事件は鮮烈に覚えています。

また、自分の成長を感じたのは、自分たちで考えて「これ、いいよね」というのが発表できたときです。クオリティーがだんだん上がっていき、踊りきって拍手をもらえたときが、最高に快感でした。

父親と同じ経済学を学ぶ

進路について、「ダンスのプロになることは考えなかった？」と聞かれることがあるのですが、私はプロとして食べていけるとは思えませんでした。大学もその道へ進むのなら日本大学芸術学部も考えました。それは能力的にも経済的にも無理だと思っていました。

高校２年生のときに、「なんで牛乳パックがあのようにスーパーで陳列してあるかわかるか？」と親戚《しんせき》に質問されて、「わからない」と答えると、「消費者心理で買いやすいような仕掛けがしてあるんだよ。それを学ぶのがマーケティングという勉強だ」という話を聞きました。父親が経済学部出身でしたので、「面白そう」と私も経済学を勉強したくなりました。ところが、高校３年生のときに父親が倒れたため進学をあきらめようとしましたが、母親が進学への後押しをしてくれたおかげで、公立の高崎経済大学に入学できました。

教えることに目覚める

大学卒業後、就職した広告会社で、専門学校や各種スクールの募集広告の営業を担当しました。３年後に転職した会社では、大学や専門学校のマーケティングを専門とした会社に入り、教育や人の成長に深く興味をもちました。さらに保育ボランティアを通して子育て支援も経験しました。

私が教えることを初めて経験したのは、ダンス部で下級生を教えたときからです。下級生に教えて、わかってもらえるとうれしかったし、私も成長を感じることができました。

部員をまとめる能力は、ダンスの上手《じょうず》・下手《へた》ではありません。リーダーを決めるのは、先輩の指名でした。私は次期リーダーは新体操を習っていた自分だと思っていたのですが、先輩が指名したのが他のメンバーだったときには、すごいショックを受けました。

仕事で関わったパンフレット等

いま思えば、人を

まとめていくというのは、勉強や技術などではなく、みんなから信頼されているということです。新しく指名されたメンバーはそれを備えた人でした。先輩はそこを見ていたのだなと感じました。

ダンスで親孝行

ダンスは人前に出て見てもらえる快感がなんとも言えません。練習は厳しいし、けがをすることもありましたが、親はいつも応援しにきてくれて励みになりました。私の母はダンスが好きで、部活のときはお弁当を作り、学園祭・体育祭はかならず駆《か》けつけてくれました。

あるとき、発表会の前日の練習のときに親向けの発表会をしようということになり、親と一緒に写真を撮りました。「あしたがんばろう」という気持ちで盛り上がり、親同士の連携もあって生徒と親とのつながりができました。

母にとっては、自分ができなかったことを娘がしてくれるのは、自身の夢の続きを見ているようでうれしかったのでしょう。ある日の発表会の

帰り、「部活を応援しているときがいちばん楽しい」と言ってくれました。やってていてよかったと思った瞬間でした。親孝行できたと思いました。

どんな人と過ごしてきたかが大切

卒業後もダンスが縁で、友だちとも、母校ともつながっています。ダンス部の中でも私たちは「濃い年代だね」と言われます。私たちも元気だったのですが、先生もエネルギッシュでパワフルでした。だから、私たちは本気でダンス部や学校生活を過ごせたのだと思います。

思春期に、どういう人と一緒に過ごしてきたかということは、とても大事です。その後の人生を作るもとになります。大人になると、本音を言ってくれる人は少なくなります。でも、学生時代の友だちは言うべきことを言ってくれます。親身になってくれます。人間のつながりはすぐにはできません。卒業後もつながりが保てるのは、いい先生や友だちにめぐり会えたからです。最高のメンバーで学生生活を過ごせたことは、とても幸せです。

心が豊かになる女子教育は私たちにとって「かけがえのない贈り物」でした

〈3世代ファミリーが語る学校の魅力〉

佐々木あい子さん（母）
1940年4月入学、1944年3月卒。3代目同窓会会長。社会教育活動家として勲五等瑞宝章を受章。

武内豊美さん（子）
1964年4月入学、1970年3月卒。「青少年の奉仕活動」に対して高校3年のときに東京都知事表彰。

武内愛さん（孫）
1994年4月入学、2000年3月卒。デパート菓子売り場の店長。

乱暴なことばを使うと罰金でした

あい子　私は1926年（昭和２年）生まれですから、瀧野川女子学園と同じ年齢。小さいころから体が弱かったので、日暮里の自宅から歩いて通える学校をというので、父母が入学を決めてくれました。

「社会に役に立つ女性の教育」を父が気に入ったことと、瀧野川女子学園を卒業したすてきなお嬢さんが近所にいたのも理由でした。

私もまた、海軍士官学校の制服のような、きりりとした制服に憧《あこが》れていて、学校への好感をもっていました。

入学した1940年は戦時体制期で、修業年限は４年でした。木造校舎の昇降口には、月曜日から土曜日まで日変りの標語が張ってありました。月曜日は「正しい服装、気がしまる」。水曜日は「ことば遣いは心の鏡」で、この日、女性として恥ずかしいことばを使うとクラスの「罰金箱」にお金を入れなければなりませんでした（笑）。木曜日は「校舎を守れ、校具を愛せ」。この３つの標語はよく覚えています。

面倒見のよさを気づかせてくれた先生の絵

あい子　私は面倒見がよかったようで、転校生は必ず私の隣《となり》の席になりました。「よく世話してあげてね」と先生に言われました。また３～４年生の担任の池上啓介先生は、卒業のときに絵を描いてくれました。丸髷《まるまげ》を結った女性が赤ちゃんをおぶって、そのうしろに子どもが並んでいる絵です。当時、地域の子ども会のリーダーをしていましたので、それをイメージして描いてくれたのだと思いますが、私のことをよく見て表現してくださったと感心しました。

　結婚して４人の子どもを授かったのですが、そのうち２人をなくしたことから「人の子も我が子も同じだ」と、子どもを育てることに関わるようになりました。集団遊びができる地域の子ども会活動です。のめり込んでいるうちに、東京都子ども会連合会理事長にまでなってしまいました。

佐々木あい子さん

切磋琢磨《せっさたくま》というより温かい雰囲気

豊美　私は、小さいときから瀧野川女子学園に入ることが決まっていたので、自然の流れで中学から入学しました。中学は２クラスだったのですが、高校は18クラスのマンモス学級です。1951年生まれの私たちは多人数で、一歩引いた白けた目でものを見る「しらけ世代」と言われていました。

思い出すことといえば、中学のときに毎日10分間テストがあったことです。英数理国社だと記憶していますが、成績上位者は廊下《ろうか》に氏名を発表されました。テストは嫌《いや》だなと思いましたが、いま考えると効率的に勉強ができてよかったと思っています。

武内豊美さん

また、ユニークなのは掃《そう》除《じ》に点数がつけられたことです。10分の10が一番良くて、やり残した箇所があると減点される方式で、掃除が終わると先輩がチェックに来るのです。高校２年生の担任は増島先生で、「ほうきは木の床のたての目にそってはくこと」など、ていねいに掃除法を教えてくれました。徹底してやると気持ちがよく、いまでもすっきりした気持ちを思い出すことができます。

自分らしく過ごしなさい

豊美　学生時代、私は背も体も大きく堂々としていて小生意気な子でした。同窓会長をしている母親を先生たちがほとんど知っているので、「もっと真面目にしなさい」と言われるような気がしていたからです。でも、それは私の思い違いで、「お母さんを意識しないで、自分らしく過ごしなさい」と先生が言ってくださったので、肩の荷が下りたような気がしました。

1965年代ころは、まだ映画・演劇・コンサート・スキーなどに行く機会があまりありませんでした。学校で演奏会や映画や演劇鑑賞に連れて行ってもらい、文化やスポーツに接して世界が開けていくのは、貴重な体験でした。また私は、高校３年生のときに上野の東京文化会館で行った、クラス対抗の合唱コンクールの実行委員長になり、全員で歌う「校歌」の指揮をとりました。その感激はいまでも忘れられません。

部活は歌舞伎についての自由研究

愛　私は、気がついたら入学していたというくらい、自然の流れで中学から入学していました(笑)。3歳上の姉も在学していましたし、クラスメイトにも姉妹で学校に通っている人がいました。

中学では部活は必修ですが、好きなことを調べて学園祭で発表するという「自由研究部」があったので、その部に入り歌舞伎《かぶき》を研究テーマにしました。先代の猿之助《えんのすけ》のおっかけをするほど歌舞伎が好きだったからです。土曜日の授業が終わると新幹線に乗って、京都や名古屋に母と歌舞伎を見に行ったこともあります。ホームルームが長引きそうだとソワソワしてしまうのですが、先生も「ママと2人旅なの。楽しんできてね」とやさしく送りだしてくれました。学校ではこのように、先生に

武内愛さん

恵まれて、やさしくされた印象が強く残っています。

現在の仕事は、デパートのお菓子売り場の店長をしています。全国のお菓子のショップメーカーを調べて、バイヤーと相談しながら、どんなものを販売しようかと企画して実際に販売してその実績を伸ばす仕事です。時代を読み、ニーズをマーケティングし、販売する仕事は、とても楽しく面白いです。

家庭科で役立つ授業内容

あい子　私の時代は和裁をきびしく鍛《きた》えられ、浴衣《ゆかた》から羽織、袴《はかま》まで縫うことができるようになりました。編み物・フランス刺繍《ししゅう》・日本刺繍まで一通り習い、帯やふくさを作りました。そろばん・簿記も３級までとり、家計簿のつけかたも習ったので、家事全般に不安をもつことはなかったです。

豊美　学校では礼法の先生のきれいな立ち居振る舞いに見とれていました。女の子として成長著しい大事な時期に、温かい雰囲気の中で育ててもらったこと、そのぬくもりがとても大事なんだといまも思います。勉強は大事ですが、心が豊かになる教育を受けるかどうかで、その後の人生が変わってくると思います。

愛　授業で苦手だったと思っていた家庭科がほんとうは好きだったのだということがあとになってわかりました（笑）。みんなで一緒に協力してできることが楽しかったのです。ですから、気がつくといつも家庭科室にいたような気がします。

豊美　３人の共通点は、「東京都青少年洋上セミナー」の中国への青少年・健全育成、国際交流に参加したこと。15日間の船旅で、北京・上海を訪ねる旅でした。１回目に母が指導員で、18回目に私が指導員で、愛が団員に参加できたのは学校の推薦《すいせん》ですが、貴重な体験をさせてもらいました。外国の生活を見たり、その国の人とふれあったり、別の地域の人と接する幸せなひとときでした。

いつの時代でも、会えば挨拶《あいさつ》してくれるような礼儀正しさを大事にしてほしいと思っています。女性には子どもを産んで育てていく使命があります。温かな環境の中で育った人は温かな人を育てられると思います。私たち３世代がこの学校で女子教育を受けたことは幸せだったと感謝しています。

3章

学園からのメッセージ

瀧野川の創造性教育 with iPad

「好き」から自分の夢を導き出す

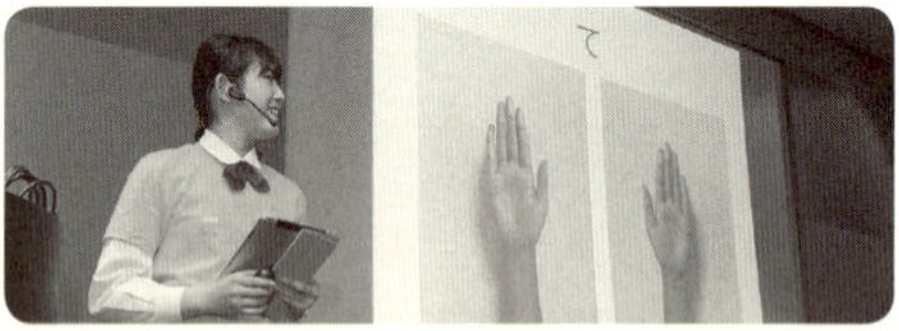

瀧野川女子学園は2016年の創立90周年に向かって大改革を実行中です。その一環として、2015年新入生から全員にiPadを配付します。その目的は、好きな気持ちから、自分が一番やりたいこと、将来成し遂げたいこと、つまり夢を導き出す方法を学ぶことなのです。好きな気持ちから始めるのが、誰の物でもない、あなただけの夢を創り出す一番の近道だと私たちは考えます。実は、こうして自分がやりたいことを追求して、何か新しいことを始めることを「創造」と言い、これからの日本で、世界で最も大切にされていくことの一つです。そして何より、とても楽しいことなのです。創造性と聞くと、何か特別な才能が必要なように感じるかもしれませんが、大丈夫。これはトレーニング次第で誰でも身につけられるものなのです。瀧野川女子学園の全ての教育活動の目的は一つ、生徒全員が自分の生きたい人生を手に入れること。そのために自由に考え、すべてを思い切り楽しみましょう。

瀧野川の国際教育

本物を全身で学ぶ

その場所に行かなければ判《わか》らないことがあります。これから国際社会に必要なことを学ぶには、海外を体験するのが一番です。写真を見てどこだと思いましたか？

ここは、日本にありながら「パスポートのいらない英国」と言われているBritish Hillsです。2015年から高校１年生全員がここで初めての「海外」を経験します。ここのスタッフは全て英国人ですが、あなたが分かるように簡単な英語で丁寧《ていねい》に話しかけてくれます。

英国の貴族の館を移築した重厚な建物や、貴族が使っていた家具が並ぶ部屋は、まさにハリー・ポッターの世界です。その本物の空間で、英語はもちろん、英国式のテーブルマナーや、スコーンの作り方を学びティータイムを楽しみます。

楽しみながら、全身で感じ取った異文化への理解は、学校での授業、高校２年でのハワイ修学旅行、そして、世界で活躍するあなたの将来へと繋《つな》がっていきます。

瀧野川には、英会話の名物先生がいて、いつでも話に行けます。英国出身で、英語で歌うギタークラブも指導しているジュリアン先生です。普段の英会話の授業はもちろん、もっと英語を話したい人向けに、放課後に英会話のクラスを開いています。

瀧野川には、住みたい町全米ランキング１位のオレゴン州ポートランドに姉妹校があり、希望者は夏休みに２週間の語学研修ホームステイや留学プログラムに参加できます。

毎年好評のホームステイは、午前中に、姉妹校の国際コースの先生によるアメリカ文化のクラスを受けて、午後は、皆で様々なところに出かけて、アメリカ文化を体験しながら、生きた英語を学びます。

毎年最終日に「とにかく楽しい、日本に帰りたくない！」と大騒ぎになるほど楽しいプログラムですが、帰る頃には全員、英語が口から自然に出て来るようになっています。すべてを楽しむことが上達の秘訣《ひけつ》なのです。

瀧野川の修学旅行 in ハワイ

自然、文化、言語の多様性を学ぶ

ハワイの6つの島の中で、ビッグアイランドと呼ばれているハワイ島は、一つの島に、世界13の気候のうち北極とサハラ気候以外の全てが存在し、奇跡と呼ばれる貴重な生態系を始め、星空、海洋、火山、天体研究の中心地でもあります。

また、ハワイは多様な文化を持つポリネシアの一部であると同時に、全米一多様な人種と文化が共生している島々でもあり、その人口のほとんどが集まっているのがオアフ島です。国際社会と自然の多様性を学ぶのに最適な場所であるハワイ島とオアフ島を訪れます。2015年新入生から実施します。

瀧野川の礼法・茶道・華道

どこでも自信をもって振る舞える大人の女性に

瀧野川女子学園は、「自分の理想の学校をつくる」という、山口さとる先生の長年の夢が叶い、大正15年、さとる先生37歳の時に創立されました。

「これからは女性も仕事をもって社会にでて、自分の力で生きたい人生を手に入れて欲しい」との想いが込められた学校でしたが、同時に力を入れていたのが、今も全員必修で学ぶ、礼法・茶道・華道など、精神修養でした。

華道の先生でもあったさとる先生は、仕事ができるようになるだけでは不十分で、礼儀作法とそこに込められた、日本人ならではの心遣いを学んで欲しいと願っていました。

そうすることで、精神が落ち着き、どのような時も、自信をもって振る舞うことができるようになるからです。

「常に心を磨きなさい」

さとる先生が仰っていた言葉を私たちは今も変わらず大切にしています。

瀧野川の食育

毎日食べて、本物を学ぶ

レストランのメニュー写真のようですが、これは瀧野川女子学園の学生食堂の日替りメニューです。みんなの要望が反映されるメニュー、選び放題でバラエティーに富んだサラダバー、ご飯、お味噌汁おかわり自由なのも自慢ですが、一番の自慢は、旅館や和食の名店で活躍してきた、田中料理長が毎日作ってくれていることです。しかも、食育の時間には、その料理長から直接料理を教わることが出来ます。毎日食べて、本物を学ぶのが瀧野川の食育です。

瀧野川のクラブ活動

好きなことを思い切り楽しむ！

全力で好きなことに打込み、思い切り楽しむのが瀧野川流です。何事も上達の秘訣は、思い切り楽しむこと。そして、本気になること。

創立期に全国制覇《せいは》を成し遂げたバスケットボール部から続くこの伝統は、今も変わりません。

書道部、美術部は、毎年何人もの部員が全国レベルの賞を複数受賞する強豪であるにも関わらず、一人ひとりの作風が全く異なるのが大きな特徴です。それは、私たちが、クラブ活動であっても一人ひとりの個性を解き放ち、創造することを大切にしているからです。

そして、彼女達は、クラブ活動でしかできないことを思う存分楽しみながら、活動しているパフォーマンス集団でもあるのです。

「好きなことを思い切り楽しむ」

これは、ここ数年で急速に力をつけてきて、2013年には東京都高等学校吹奏楽コンクールC組で金賞を受賞した吹奏楽部や、他の全てのクラブも同じです。

\もりもり/
元気《げんき》の出《で》る高校案内《こうこうあんない》 3《さん》

瀧野川女子学園高等学校《たきのがわじょしがくえんこうとうがっこう》
退屈《たいくつ》しているなんて、もったいない！

平成26年5月20日　初版発行

編　者　「もりもり元気《げんき》の出《で》る高校案内《こうこうあんない》」実行委員会《じっこういいんかい》
発行者　株式会社真珠書院
代表者　三樹　敏
印刷者　精文堂印刷株式会社
代表者　西村文孝
製本者　精文堂印刷株式会社
代表者　西村文孝
発行所　株式会社真珠書院
〒169-0072　東京都新宿区大久保1-1-7
TEL 03-5292-6521　FAX 03-5292-6182
振替口座 00180-4-93208

©Morimorigenkinoderukoukouannai Jikkouiinkai 2014

ISBN978-4-88009-281-2
Printed in Japan
カバー・表紙・扉デザイン　矢後雅代